그리운 내 어머니
思母曲

그리운 내 어머니
思母曲

신용관

문예바다

시인의 말

엄마가 내 곁을 떠났다.
내 삶의 못자리가 사라져버렸다.
아직도 주변이 하얀 눈물 꽃이다.
벌써 3년이 흘렀다…
이제 엄마를 향한 그리움을
세상으로 내보낸다.
사랑하는 이를 먼저 보낸
아픔과 그리움을 안고 살아가는
모든 사람들에게
작은 위로와 소망이 되기를 바라면서…

목차

1부
〈봄〉 - 하늘은 오라 하네

어머니 전상서1	12
봄	13
산수유	15
어버이날	16
요양병원	17
죽음 앞에서	19
화전	21
고백	23
그 날은	24
참회록1	26
양평공원에 안치하다	28
화해(和解)	30
바닷가에 서서	32
바다의 목소리	34
진달래가 피는 곳에	36
그 집 앞에서	38
해보다 더 밝은	40
봄의 소리	42
장례식장	43
어제 내린 눈	44
5월의 언덕	45
편지	46
절정(絶頂)	47
봄비	48
어느 날 아침에	50

2부
〈여름〉 – 뜨거운 사랑, 차가운 이별

어머니 전상서2	52
여름	53
한쪽 사랑	54
망모석(望母石)	56
누우신 곳은	58
슬픔의 주소	60
바람의 아들	61
에피타프(epitaph)	63
그리운 내 어머니1	65
그리운 내 어머니2	67
그리운 내 어머니3	69
그리운 내 어머니4	71
그리운 내 어머니5	73
별들의 노래	75
바람의 소리	77
천사의 나팔꽃	78
소원의 바다	79
트라우마(Trauma)	81
달 뜬 밤에	83
양동역에서	84
정동진	86
블루로드	88
참회록2	90
여름비	91
남한강에서	92

3부
〈가을〉 - 그리움 한줌

어머니 전상서3	96
가을	97
양평 태성 추어탕	98
용문 쌈밥마을	100
낙엽(落葉)	101
종이 눈물	102
복숭아꽃 필 적에	103
추모일	105
가을 사랑	107
가을비	108
터널	109
로타리 사랑	110
국화 애상	111
공황	113
찬밥 인생	115
인셉션(Inception)	117
살아남은 자의 슬픔	119
여주대교 아래에서	121
포옹(抱擁)	123
한가위	124
새벽기도	126
참회록3	127
잔상(殘像)	128
사모곡(思母曲)	129
그 여름을 보내고 맞이한 가을	131

4부
기억 너머 저편

어머니 전상서4　　　　　134
겨울　　　　　　　　　　135
성언영존(聖言永存)　　　136
문화예배 적바림　　　　137
나의 기도　　　　　　　138
카페 엠　　　　　　　　140
두물머리　　　　　　　142
드림 카페　　　　　　　144
꽃잎　　　　　　　　　　146
양동 C&U　　　　　　　147
기다림　　　　　　　　　149
양동 중앙상회　　　　　150
오르골　　　　　　　　　152
탑부동산　　　　　　　　154
환상　　　　　　　　　　155
초승달　　　　　　　　　157
이포 전망대　　　　　　158
끝까지 사랑　　　　　　160
겨울비　　　　　　　　　162
노을　　　　　　　　　　164
신앙의 DNA　　　　　　165
참회록4　　　　　　　　166
에움길　　　　　　　　　168
송구영신(送舊迎新)　　　170
염원　　　　　　　　　　172

1부

〈봄〉 - 하늘은 오라 하네

어머니 전상서1

흐려지는 눈가를
믿을 수가 없어서

안경을 닦아 보고
두 눈을 비벼 봐도

그리운 엄마 얼굴이
뽀오얀 창문 가득
두둥실 떠 있네요

봄

봄은
왜 이렇게
잔인하게 찾아오는가

죽음의 언덕에
새로운 싹을 틔우고
눈물의 골짜기에
새로운 웃음을 피우며

상처로 얼룩진 곳에
새살이 돋아나고
얼어붙었던 자리에
따뜻한 바람을 놓으며

하늘마저 멍든
푸른 밤을 지나
당신이 떠나버린
텅 빈 가슴 속으로

올해도 잔인한 봄은
녹슨 창문을 넘어
기어이 찾아왔구나

산수유

가지와 가지 사이에서
노오란
꽃잎이 피고 지는 동안에
세월은 재빠르게 흘렀다

꽃 진 자리에
빠알간
몽우리 진 가슴 하나
쏘옥 내밀기를
그 얼마나 기다렸던가

어머니가 심어놓고 간
산수유가 내 가슴에서
피고 지는 동안에
하이얀
눈꽃 내리는 세상이
세 번이나 흘렀다

어버이날

붉은 카네이션을 보면
왜 이렇게 눈물이 날까요
붉은 카네이션을 달고 가는
어르신들을 바라보고 있으면
왜 이렇게 가슴이 아려올까요
어버이날이 되어도
이 핑계 저 핑계 대면서
고향집과 점점 멀어졌던 나날들,
택배로 보낸 카네이션을 가슴에 달고
동네 어르신들에게
아들 자랑을 했다던 어머니,
떠나고 나서야 후회하며 찾아온
어머니의 무덤가에
덩그러니 놓인
참회의 카네이션 한 바구니,
어머니, 붉은 5월에
뜨거운 카네이션을 보면
왜 이렇게 눈물이 나는 걸까요

요양병원

마지막을 알 수 있다면
세상은 많은 것이 달라질 겁니다

어머니,
요양병원에 가시기 전에 말했습니다
내가 다시
저 푸른 하늘을 볼 수 있을까
내가 다시
이 꽃들을 볼 수 있을까
아들은
자신있게 대답했습니다
저 푸른 하늘 너머에
그토록 기다리던 하늘나라가 있잖아요
그 나라에는
이 세상에서 볼 수 없는 꽃들이 천지예요

어머니,
요양병원에 가시면서 무덤덤한

아들의 손을 꼬옥 붙잡고 말했습니다
내가 다시
너의 얼굴을 볼 수 있을까
내가 다시
너의 목소리를 들을 수 있을까
아들은
아무 말도 못하고
전봇대처럼 그 자리에 우두커니 서서
먹먹한 가슴에 눈물만 글썽였습니다

그리고 그게 마지막이었습니다

죽음 앞에서

보이지 않는 먼지들이 가득한
허공을 몇 시간째
그저 멍하니 바라만 봅니다

아직도 손이 따뜻한데
카랑카랑한 목소리가 귀에 쟁쟁한데
정녕 이대로 보내야 합니다

몰래 숨 죽여 웁니다
더 큰 슬픔이
성난 파도처럼 집어 삼킬까봐
어금니 깨물어 하늘을 봅니다

멍한 하늘은 흐려지고
시간은 중간 중간 끊어지는데
사람들의 목소리가 혼탁한 전파처럼
뒤섞이며 밀어 닥치더니

하얀 천으로 얼굴을 가리고
점점 멀어져가는 당신
희미하게 방울지는 당신

아, 어머니!
나는, 나는
보낼 수가 없는데
정녕 이대로 떠나시는 건가요

화전

어머니가 평생을
살다간 동네 이름이
화전(花田)이지요
개나리, 진달래, 벚꽃,
꽃다지, 냉이꽃, 민들레
지천으로 피는 동네라서
꽃같이 예쁘고 고운
마음씨를 가진 사람들이
모여 사는 동네라서
화전(花田)이라지요

해마다 봄이 찾아오면
잊을 수 없는 건
어머니가 해주시던
화전(花煎)이지요
찹쌀가루를 물에 개어
둥글고 납작하게 만든 후
솥뚜껑에 기름을 두르고

그 위에 진달래꽃을
수놓아 만든 부꾸미,
화전(花煎)이라지요

꽃을 유난히 좋아해서
마당 가득 소리 없는
화전(花戰)을 이루고,
손수건에도, 치맛단에도
화전(花氈)으로 수를 놓고
내 손을 꼬옥 붙잡고
화전(花甎)으로 지은 집에서
살아보는 게 소원이라던 어머니,
아지랑이 피는 이 봄에
하늘나라 꽃집으로 이사를 가셨지요

고백

땅이 하늘을 바라보듯이
파도가 섬을 찾아가듯이

나의 삶은
일분 육십초
한 시간 육십분
하루 이십사 시간
일 년 삼백육십오일

어머니,
당신을 잊은 적이 없습니다
당신을 생각하지 않은 날이 없습니다

그 날은

그 날은
2016년 3월 8일 저녁 11시 45분이었습니다
거칠게 몰아쉬는
숨소리를 지켜보다 돌아온 아들에게
황급히 병원으로 다시 오라는 연락이 왔습니다

그 날은
2016년 3월 8일 저녁 11시 45분이었습니다
달리는 차 안에서 불안스레
전화를 받았더니
기어이 당신은 아들 곁을 떠났습니다

그 날은
2016년 3월 8일 저녁 11시 45분이었습니다.
머릿속이 하얀 백지가 되어
불빛을 따라 달리던 길이
양수 삼성 요양병원에서 멈춰 섰습니다

그 날은

2016년 3월 8일 저녁 11시 45분이었습니다

끝내 눈을 감지 못한 어머니의

두 눈을

떨리는 손으로 쓸어 내렸습니다

그 날은

2016년 3월 8일 저녁 11시 45분이었습니다

봄바람과 겨울바람이 함께 몰아치던 밤에

깃털보다 가벼워진 육신을 싣고

구급차는 양평병원 장례식장을 달리고 있었습니다

참회록1

무슨 말로도
다 위로할 수 없다는 사실을
잘 알면서도
무엇인가 위로의 말을
건네야 하는 사람들과

무슨 말로도
다 위로받을 수 없다는 사실을
잘 알면서도
계속 위로를 받아야 하는
사람들 사이에서

영정 속에 갇힌
3박 4일의 무릎 꿇는 인사는
영원한 이별을 연습하는 시간,

살아남은 자의 슬픔을 쓸어안고
죽음과도 같은 잠에 빨려들었다가

머릿속을 잉잉 울리는 아침이 찾아오면

어제도, 오늘도
당신을 보내고 나서
어머니,
나는 무조건 죄인입니다

양평공원에 안치하다

당신을 향한 그리움 한 점이
푸른 하늘을 흘러갑니다
당신의 고운 얼굴은
따뜻한 먼지가 되었고
당신의 맑은 눈동자는
빛난 별이 되었습니다
창문 틈을 비집고 들어온
한 줄기 햇살은
지친 얼굴을 어루만지는
거칠고 투박한 손,
당신의 손을 닮았습니다

"막내야!"

해질녘 길거리를 울려 퍼지던
당신의 목소리가
안경 너머로 자꾸만 흐려지고
고개 숙여 돌아오는 발걸음에

고향집 늙은 느티나무
두 그루가 굵은 베를 동이고
자꾸만 뒤를 따라옵니다
살아서 방 하나 드리지 못했던
못난 아들은
죽어서도 차갑고 좁은
대리석 성냥갑 같은 곳에
당신을 홀로 남겨둔 채 떠나갑니다

화해(和解)

남이 아닌 남처럼 살았습니다
사업에 실패한 후
형은 술로 방안을 지켰습니다
동생에게 짐을 맡긴 것 같아서
발걸음조차 줄어들었습니다
당신이 떠난 다음날부터
오고가는 사람들 틈에 서서
무표정한 얼굴로
서로가 낯선 삼일을 보냈습니다

처음이었습니다
어색한 공간에서 삼일을 지낸 것도
마주 앉아 속마음을 털어놓은 것도
처음이었습니다
아버지를 일찍 여읜 탓에
늘 아버지 같았던 형이었습니다
작은형을 먼저 보낸 이후 더욱 그랬습니다
불이 다 꺼지고

홀로 앉아 소주잔을 기울이는
형의 등이 너무 작고 쓸쓸해 보였습니다

장례식을 마치고
형과 함께 대구로 내려왔습니다
어느 식당 골목에서 저녁을 먹다가
기어이 참았던 울음을 터뜨렸습니다
"미안하다. 동생아, 내가 미안하다.
못난 형이 정말로 미안하다."
눈물로 만 밥알이 모래알처럼
목구멍에서 자꾸만 까칠거렸습니다
문득 모든 것을 훌훌 털어버리고
살아 꿈틀대는 푸른 바다가 보고 싶어졌습니다

바닷가에 서서

네가
멍든 가슴을 아느냐
네가
잠 못 이루는 날들을 아느냐
시퍼렇게 깨지는
슬픔의 방울방울을 정녕
네가
아느냐

한참을
노려보았습니다
금방이라도
칼날처럼 쪼갤 듯이
째려보았습니다

쏴아아, 쏴아아~~~
쏴아아, 쏴아아~~~
쏴아아, 쏴아아~~~

그 때마다

푸른 알갱이들이

쉼 없이 다가와서

날선 어깨를 토닥거리며

내 발 아래서

하얗게 부서지는

눈물을 읽고 있었습니다

바다의 목소리

바다가 내게 속삭입니다

수백 년, 수천 년을
나는 언제나 여기에 살고 있지
발자국만 남긴 사람도 떠났고
해수욕을 하던 사람도 떠났고
모래성을 쌓던 사람도 떠났지만
나는 언제나 여기에 살고 있지
내 속에서
물맥질 하던 사람도 어디론가 갔고
내 가슴을
제멋대로 휘젓던 사람도 떠나갔지만
나는 언제나 여기에 살고 있지
친구들은 각자
시간에 맞춰서 떠났고
사랑했던 사람도
홀로 먼 길을 떠나갔지만
나는 언제나 여기에 살고 있지

그러니 보고 싶을 때면

언제든지 오렴

마음껏 울고 싶을 때면

언제든지 오렴

고함을 지르고 싶을 때면

언제든지 오렴

나는 여기 영원처럼 살고 있으니

언제든지 오렴

바다는 오늘도 내게 다가와

부드럽게 속삭이고 있습니다

진달래가 피는 곳에

봄이 오는 양동역에
붉은 그리움이 가득 핍니다
하루하루 온 산이
그리움으로 몸살을 앓습니다
그리움은 왜
진분홍 아픔을 먹고 피는 걸까요
아픔이 없는 곳에는
그리움도 없는 걸까요
당신이 떠난 이후
잠 못 드는 붉은 밤에
석곡천에는 가늘게 이슬이 내립니다
봄이 지나가는
저 짧은
삼산 간이역에서
그리움들이 속절없이 떨어집니다
그리움 저 편에서
다시 만날 수 있을까요
내가 붉은 아픔이 된다면

당신의 그리움에

한 발자국이라도 다가갈 수 있을까요

그 집 앞에서

3월의 꽃향기,
무슨 분노가 그리도 많았습니까
그 집 앞에만 가면
가슴을 찢고, 목청을 찢으며
싸워야 했던 세상은 무엇입니까
술 없이는 잠 들 수 없고
술이 들어가야 풀려나는 이야기들은
무슨 그리도 많은
불구덩이 사연이 되었습니까
시간은 지나도 기억은 남고
사랑은 떠나도 흔적은 남는 것,
오늘도 하늘은 여전히
푸르게 멍들어 가고 있습니다

아니, 정녕 몰랐습니다
당신의 심장을 도려내고
삶을 진흙 구덩이에 몰아넣은
저 아린 가슴의 댐에

무엇이 들어 있었는지
그저 아는 척 했을 뿐입니다
조금이라도 위로가 된다면
내 작은 어깨가
기댈 수 있는 언덕이 될 수 있다면
내어드리고 싶었을 뿐입니다

당신을 보내고 다시 찾아온
그 집 앞에서,
3월의 꽃향기가 짙어가는
그 집 앞에서,
당신과 똑같은 모습으로
가슴을 찢어 봅니다
목청을 놓아 부릅니다
돌아온 탕자는
오늘따라
당신이 너무 그립습니다

해보다 더 밝은

해보다 더 밝은
삼월 아침에
굴곡진 시냇가의
늙은 갈대 하나가
한 줄기 바람에
힘없이 툭
꺾인다
아직도
산기슭의 무덤은
얼어붙었는데
목 놓아 울던
눈물이 녹지 않았는데
뜨거웠던 삶이
눈꽃처럼 사라져간다
겨울 강을 건너온
매화는
하늘의 계시를 받은
천사인양

우아하게
나뭇가지마다 내려앉아
봄의 경전을 읽는다
날빛보다 더 밝은
삼월 아침에

봄의 소리

봄은 절대로
한꺼번에 오지 않습니다
겨우내 얼었던 몸을
조금씩 녹였다가
다시 얼렸다가를 반복하며
서서히, 그리고 엉금엉금
달팽이처럼 기어옵니다
봄이 오는 소리를
들을 수 있는 사람은 행복하고
봄이 오는 모습을
지켜볼 수 있는 사람도 행복합니다
봄은 언제나
보고 들을 수 있는
여유를 가진 사람과 친절하게
이야기를 나누며 다가옵니다
그대여,
봄이 오는 길목을 저와 함께
사뿐사뿐 걸어보는 것은 어떨까요

장례식장

저 문을 통해
한 사람의 인생이 떠났고
또 한 사람의 인생이 들어왔습니다
잠시 울었습니다
잠시 분주했습니다
그리고 세상은
마치 아무 일 없었다는 듯이
떠나고 남았습니다
쉴 새 없이 열렸다가
닫히는 저 문은
언제쯤 움직이는 것을 멈출까요

어제 내린 눈

유난히 눈부신 햇살에
눈 뜬 3월 아침
가지마다 눈꽃이 피었습니다
밤새 소리 없이 뒤척이며
하늘의 가슴이 따뜻해지더니
그 사이 지붕의 두께가
조금씩 무거워지더니
온 세상이 하얗게 변했습니다
어제 내린 눈은
당신을 향한 그리움인가요
떠나간 길을 덮어가며
눈꽃은 당신의 발자국이 되어
어디까지 따라갔을까요
아픔도 고통도 없이
벽에 걸린 환한 웃음으로
당신을 바라보는
눈 내린 3월 아침,
유난히 맑은 눈물이 볼을 타고 흐릅니다

5월의 언덕

청옥처럼 빛나는
5월의 푸름을 걸었습니다
당신의 향기가 배어있는
벤치에 앉아 아기 손 같은
나뭇잎을 보았습니다
어리석은 새들의 속삭임은
어제와 같고
한 줄기 햇살에
사랑의 그늘은 퍼져만 가는데
나만 홀로 외로워
푸르게 젖어버렸습니다
어머니, 그 먼 나라에도
찬란한 푸름이
온 산을 물들이고 있습니까
5월의 언덕배기,
여긴 아무런 염려 없이
온 누리에 푸른 슬픔만 가득합니다

편지

그대의 향기는
5월의 바람을 닮았습니다
그대가 잠시 머문 자리마다
언제나 맑고 푸른 바람이 붑니다

그대의 눈동자는
5월의 나뭇잎을 닮았습니다
가냘픈 눈빛이 나뭇잎 사이로
햇살처럼 눈부시게 비춰옵니다

그대의 웃음은
5월의 아이들을 닮았습니다
환하게 웃는 그대를 보고 있으면
나도 모르게 간지러운 웃음이 납니다

절정(絶頂)

꽃이 핀다
기적처럼 꽃이 핀다
작년에 피었던
꽃이지만
작년의 꽃이 아니다
해마다 피고 지는
꽃이지만
매년 또 다른 꽃이다
차가운 눈보라를 견뎌내고
맞이하는 강렬한 햇살,
가슴 찢는 어둠을 이겨내고
찾아온 가녀린 바람,
온갖 잡음을 다 물리치고
열어가는 우주의 기운,
그래서 꽃은 늘 새롭다
바로 지금 이 곳에,
꽃이 핀다
기적처럼 꽃이 핀다

봄비

봄비가 진다
벚꽃이 간다
나의 하루는
저무는 해를
하루 온종일
지켜보는 것
나의 젊음도
다 지나간다
아무도 오지
않는 길목끝
창가에 앉아
하이얀 꽃을
닮았던 너를
생각 하다가
떨어지는 꽃
속에 떠오른
가냘픈 추억
흐린 시간은

한줄기 맑은

햇살을 따라

저리 흐르고

가는 벚꽃과

함께 또다시

나의 하루가

다 지나간다

봄비가 진다

싱 그러웠던

나의 봄날이

훅 날아간다

어느 날 아침에

어머니께서
떠나신 지
한 달 하고 보름

아침 식탁에는
맑고 여린
햇살만 글썽글썽

투명하게
쌓여가는
먼지만 하늘하늘

2부

〈여름〉 - 뜨거운 사랑, 차가운 이별

어머니 전상서2

엄마, 거기 정말로
차갑지는 않나요

엄마, 거기 정말로
어둡지는 않나요

엄마를
보내놓고서
나는 늘 걱정예요

여름

뜨거운 바람에
숨이 턱턱 막히는 저녁,
한 줄기 시원한
생수를 그리워하며
이리저리 뒤척이다가
바람결에 실려 온
모기 쑥 타는 냄새
고향집 툇마루에서
어머니 다리 베개에
곱게 자던 여름밤,
이 밤도
따뜻한 별들을 헤며
당신이 남겨놓고 간
짧은 지팡이를 짚고서
눈물의 세상 속으로 걸어갑니다

한쪽 사랑

당신의 온 인생을 가만히 들어보면
언제나 한 쪽 길은 하이얀 꿈이었고
바람은 푸른 하늘과 물결처럼 꿈틀댔다

달그락거리는 소리에
눈 뜬 밤,
창가에 올려놓은 물그릇에
당신을 닮은 보름달이
가득 찼다
몇 시간 동안이나
첫 입으로 젖을 빨듯이
한 모금 한 모금
타는 목마름을 적셨다
태고 적 향기가
목구멍을 타고
알싸하게 내 속을 파고들었다
모로 잠들었던 심장이
쿵쿵쿵

다시 뛰기 시작했다
창문 너머로 뽀오얀
당신의 얼굴을 바라보며
홀로 누운
눈 뜬 새벽이
환하게 뜨겁게 밝아왔다

아들아, 강물처럼 가만히 놔두어라
번개처럼 뒤엉켜 천둥처럼 울다가
너와 나 하늘 길 따라 하나로 만나리라

망모석(望母石)

강원도 태백시 중심에 황지 연못이 있지요
예서부터 낙동강
천 삼백리 길이 시작되는데
저 옛날 이 연못에는 황부자가 살았지요
구걸을 하던 사람에게
쌀 대신 쇠똥을 퍼주다가
하늘의 노여움을 받아
집터가 타버리고 연못이 되었지요
착한 며느리는 구사일생으로
건짐을 받았는데
절대 뒤를 돌아보지 말고
앞만 보고 곧장 가라고 했으나
구사리 산꼭대기에 이르러
벼락 치는 소리가 들려
자기도 모르게 뒤돌아보다가
아기를 업은 채 바위가 되었지요
슬프고 애달픈 전설을 안고
강물은 흘러

아름다운 산과 비옥한 들을 적시고
어머니가 살던 낙동강 하구를 찾아가지요
인심 좋은 마을에서
인정 많은 곳으로 알려진
둥구나무 아래 할머니 집,
"절대 뒤돌아보지 않으리라"
다짐하며 고향을 떠난 몸이
어머니의 향기가 그리워
못내 뒤돌아보다가
그만 망모석(望母石)이 되고 말았지요

누우신 곳은

양평 공원묘지
다 02 34번입니다
살아서는 방 번호만
외우시더니
세상 떠나시며
방 번호 하나만
달랑 남기셨습니다
어두운 것을
그렇게 싫어하셨는데
차가운 것을
그렇게 싫어하셨는데
그 곳은 있을 만한가요
물어도, 물어도
아무런 대답이 없어
고개 들어
하늘만 바라보다가
언제나 그랬듯이
젖은 손으로

쓰윽 만지고 갑니다
어머니,
누우신 곳은
양평 공원묘지
다 02 34번입니다

슬픔의 주소

슬픔의 주소를 아는가
주체할 수 없는 이 슬픔은
어디로 보내야 하는가

바위처럼 굳었던
가슴이 쩌억-쩍 갈라지고
광야처럼 메말랐던
눈가에 뜨거운 샘물이 터졌다

사람들 틈에서 엄마를 찾는
어린아이처럼
돌아갈 길을 잃어버린
아기사슴처럼
큰소리로 울부짖었다

슬픔이 살아있는 것이라면
지금 내 슬픔은
어디로 움직이고 있는 걸까

바람의 아들

우리네 인생이
어디서 와서
어디로 가는지 모르는
바람과 같다던
당신,
대덕산에서
내려온
차가운 바람이
뜨거운 내 가슴을
훅 핥고
지나가는 사이
당신은
바람처럼
떠나시며
이 땅에
나만 홀로
남겨 놓았습니다
바람마저

숨죽이던 그날
마침내 한없이 가벼운
바람이 되어버린
당신,
처음부터
나는
바람의 아들이었습니다.

에피타프(epitaph)

로마의 공동묘지
묘비에
이런 말이 있다

Hodie mihi
호디에 미기,

Cras tibi
크라스 티비,

오늘은 내가
내일은 네가

질그릇 같이
여린 인생길,

헛되고 헛되며
헛되고 헛되다

해 아래에서
수고하는
모든 것들이
헛되고 헛되도다*

*전도서 1장 2-3절 인용.

그리운 내 어머니1

사방이 꽃 냄새다
패랭이, 금계국, 꽃잔디,
알록달록 팬지꽃을
심으며 봄이 시작된다
딱딱한 땅의 껍질을 뒤집어
속살과 함께 잘게 부수고
끈질기게 솟아나는
잡초들을 뽑는다

작년 봄만 해도
어머니는 지팡이를 짚고
아들 집을 찾아오셨다
사부작 사부작 움직이며
화단 곁에 가만히 앉아
길 양쪽으로 핀
꽃들을 쓰다듬으며
무언가를 자꾸 중얼거리셨다

얘들아, 내년에도 내가
너희들을 볼 수 있으려나
예쁘고 건강하게
무럭무럭 자라다오
꿈결에 꽃들을 어루만지는
어머니의 목소리가
실루엣처럼 하늘거리며
알록달록
마음 가득 번져간다

그리운 내 어머니2

예쁜 꽃을 보면 그걸 꼭
시골 교회 마당에 갔다 심었다
다리도 불편한데,
다른 이들이
별로 좋아하지도 않는데,
귀찮고 성가신 일을
왜 자꾸 하느냐고
말려도 소용이 없었다

이 세상 좋은 것들은
하나님 집에서
함께 나눠 가져야 한다며,
늙어서 할 수 있는 일이
이것 밖에 더 있느냐며,
계절이 새로운 얼굴을
내밀 때마다
꽃들을 바꿔 심었다

올해도 변함없이
갖가지 예쁜 꽃들이 피어
저마다 교회 마당을
환하게 밝히고 있다
꽃을 만질 때마다
밝게 웃으시던
어머니의 향기가
은은하게 방울져온다

그리운 내 어머니3

다알리아만 보면 엄마가 생각나요
엄마는 다알리아 꽃이 피면
이승과 저승을 이어 준다고 믿었죠
어느 해 활짝 핀 다알리아를
부드럽게 어루만지며 엄만 말했죠

얘야, 우리 엄마는 잘 계시냐
네가 내 대신 소식 좀 전해다오
섭섭한 것 다 잊고 편히 지내라고,
나도 이제 많이 늙었다고,
많이 보고 싶다고 말이다

올해 화단에 키 작은 다알리아가
봄부터 계속 피고 졌어요
어제는 아무도 몰래 다가가
정갈하게 피어있는 다알리아를
살며시 어루만지며 말했죠

얘야, 우리 엄만 잘 계시냐
내 대신 소식 좀 전해줄 수 있겠니
보고 싶다고, 너무 보고 싶다고,
한 번만이라도 좋으니
꿈속으로 외출을 나와 달라고 말이다*

*정채봉의 '어머니'에서 인용.

그리운 내 어머니4

엄마, 정작 그때는 몰랐는데
시간이 지나니까 점점 아려와요
아무리 조심스레 쓰다듬어도
시퍼렇게 멍이 들어요
"그러면, 나 다신 엄마 안 볼거야!"
엄마의 가슴에
대못을 쾅쾅 박고서
매몰차게 돌아섰지요
방문을 쾅 닫아버리고
씩씩거리며 차를 몰았지요
그러곤 한동안
연락도 하지 않았지요
엄마, 벌써 삼년이 지났어요
정작 그때는 몰랐는데
지금이 더욱 뚜렷해요
못난 아들을 보내고
가슴을 치며 울던
엄마의 얼굴이

시퍼렇게 부은 심장 위로
자꾸만, 자꾸만
이 늦은 저녁을 아려와요

그리운 내 어머니5

하늘에는
따뜻하게 빛나는 별이 있고
바닷가에는
노래를 부르는 조약돌이 있다
저들은 빛을 내기 위해
얼마나 오랜 세월 아파했을까
사람들은
하루 일과를 마치고
집을 찾아간다
그러나 나는
마음 놓고 찾아가서
쉴 곳을 잃어버렸다
목 놓아
울 수 있는 곳을
잃어버렸다
나의 영원한 집이
사라져 버렸다
오늘도 여전히

하늘에는
빛나는 별이 있고
바닷가에는
노래하는 조약돌이 있다
그리고 이 땅 위에
빛을 잃어버린 영혼 하나가
방황하고 있다
나의 노래는
얼마나 오랜 세월 아파해야 할까

별들의 노래

양동의 밤하늘은
저절로 아름다운 그림입니다
사냥꾼과 사냥개가 있고
큰 곰과 젊은 여자가 있습니다
어디선가 큰부리새가 되어
날개를 펴고
마음껏 하늘을 날아다닙니다

양동의 밤하늘은
하늘에 걸려있는 달력입니다
촘촘하게 변화되는 자리를 따라서
해는 길어졌다가 짧아집니다
햇빛이 내 영혼 가장 깊은 곳까지
와 닿는
6월 21일을 항상 기다립니다

양동의 밤하늘은

방랑자들의 잔치자리입니다
혼자서 떠도는 별과
엄마 품을 글썽이는 아기별,
찬란하게 빛나는 천랑성을 따라서
오늘 이 밤
머나 먼 여행길을 떠납니다

바람의 소리

바람은
하늘이 보낸 계시의 목소리
쏴아아~ 쏴아아~
서 있는 나무를 흔들며
밤새도록 속삭입니다

바람은
하늘에 계신 어머니의 목소리
살풋살풋~ 살랑살랑~
내 속살을 어루만지며
저 만치 앞서 갑니다

바람은
하늘을 닮은 생명의 목소리
쏘오옥~ 쏘오옥~
여기저기 터져 나오며
온 대지를 가로지릅니다

천사의 나팔꽃

나이가 들면
할미꽃이 된다던데
꾸부정하고
볼품도 없는
할미꽃이 되어서 무얼 하나
내가 죽으면
나팔꽃이 될란다
아침마다
단아하게 울려
너의 단잠을 깨우고
계절마다
꽃향기가 되어
너의 곁에 머물러야지
울 어머니,
그 고운 소원대로
외로운 꽃밭에
하늘 나팔꽃으로 피었습니다

소원의 바다

눈부시게 부서지는
황금빛 바다,
붉게 일렁이며
다가오는 태양의 집,
내가 언제부터
이곳에 있었을까요
아득하여 기억조차 없는
소원의 바다 한가운데를
가장 편안한 자세로
둥둥 떠다닙니다

입구와 출구를
묻지 않는
이 바다 끝에 서면
당신을 만날 수 있을까요
한 줄기 푸른 햇살로
묶여진 사랑에 잇대어
하얀 꿈을 꾸면

당신을 만날 수 있을까요
저 깊은 바다 끝에서
오늘은 꼭 당신을 만나고 싶습니다

트라우마(Trauma)

어렴풋이 저녁이 어려 오면

커다란 느티나무 두 그루 앞에

굵은 말뚝이 하나 박혀 있습니다

그 말뚝은

커졌다가 작아졌다가

멀어졌다가 가까워졌다가

푸른색이었다가 붉은색이었다가

국화 향기였다가 다알리아 향기였다가

희미해졌다가 뚜렷해졌다가

자유자재로 움직이며

오랫동안 내 주변을 서성입니다

그러다가 갑자기 말뚝에서

희고 푸른 가지 하나가 뻗어 나와

한 가닥 가느다란 실로 나의 온 몸을 묶고

꼼짝도 못하게 감금합니다

몸부림을 칩니다

숨이 막혀옵니다

일순간 정신을 잃고

온 몸에서 힘이 다 빠져 나갑니다
모든 소리가 끝난 곳에서
조용히 나무의 심장소리가 들립니다
흑백사진처럼
조각난 고향마을이 마구 떠돌아다닙니다
당신의 손톱이
사라호처럼 내 얼굴을 할퀴고 지나갑니다
그 서늘한 밤에 나는
꼼짝달싹도 하지 못한 채 벌벌 떨고만 있습니다

달 뜬 밤에

휘영청 보름달이 떠오릅니다
그 많은 세월에도 달은 늙지 않습니다
가물거리는 기억을 더듬으면
저 달 속에는 토끼가 산다지요
토끼 두 마리가 사이좋게
절구를 찧으면서 말미산을 넘어갑니다
바람결에, 꿈결에
달의 노랫소리가 들려옵니다
〈이 풍진 세상을 만났으니
우리 할 일이 무엇인가
발길을 돌리려고 바람 부는 대로 걸어도
돌아서지 않는 것은 미련인가 아쉬움인가〉
달 뜬 밤에 술을 한 잔 걸치고
고향집 툇마루에 걸터앉아서
세상을 향해 외치던 그 목소리,
안개에 젖은 석곡천을 거닐며
저 달에서 들려오는 구성진 목소리에
이 한 밤을 아련히 보낼 수 있을 듯합니다

양동역에서

티 없이 맑은 하늘 아래
하얀 그리움 한 점 떠오르면
양동역 대합실을 서성이면서
친구를 만나러 간 막내딸을 기다린다

나는 이곳에서 아내를 기다렸다
이곳에서 큰아들을 기다렸고
또 이곳에서 작은아들을 기다렸다
오늘은 막내딸을 기다린다

삶은 기다림의 연속이다
기다림의 가지에
그리움이 피어나고
그리움의 꽃잎 위에
가느다란 사랑을 새기면서
우리의 삶은 흑백사진처럼 퇴색되어 간다

기다림 사이로 재빠르게 지나가는

KTX와 ITX청춘열차,
쉬지 않는 곳에도 기다림은 있어
기차는 종착역을 향해 달려간다

기다림이 지쳐갈 무렵이면 떠오르는 얼굴,
김천시 대덕면 화전리 65번지
텃골 마을 둥구나무 아래에서
어머니는 언제나 나를 기다렸다

이렇게 기다림은 항상 유전이다
양동역 대합실을 서성이면서
친구를 만나러 간 막내딸을 기다린다
하얀 그리움 너머로 나를 기다렸던
어머니의 얼굴을 넌지시 떠올리면서

정동진

아들의 소원은
당신과 함께 기차를 타고
여행을 하는 것이었습니다
그래서 새끼손가락을 걸고
꼭꼭 약속을 했죠
아들의 집은
기차역 주차장 맞은 편
언덕에 있었습니다
조금만 나아지면
함께 기차여행을 할 생각에
마음이 부풀어 있었는데
당신은 끝내
하늘나라로 가는 기차를
먼저 탔습니다
새벽 0시 05분,
아무도 없는 양동역
당신이 남겨놓은
지팡이 하나를 손에 들고

아들은 무작정 기차에 올랐습니다
어머니,
해가 뜨면
하늘과 바다가 하나 되는 곳에서
우리 다시 만날 수 있을까요?

블루로드

당신이 그토록 보고 싶어 했던
영덕은 블루로드 코발트색입니다
당신의 가슴 속에
물들었던 시퍼런 멍 자국도
영덕의 하얀 파도를 만나면
푸른 해초가 되었습니다
삶이 아름다운 것은
슬픔마저 씻어내는
인내의 열매라고 하셨습니다
인간의 욕심은
산허리에 구멍을 뚫고
멀쩡하게 고속도로를 놓았지만,
부쩍 잦아든 발길 속에
정자를 거닐며 하늘 시를 읊던
어린 갈매기는 사라졌지만,
오늘도 저 바다가
시리도록 아름다운 것은
어머니,

당신의 숨결을 닮았기 때문입니다
어스름이 내려앉는 바닷가에서
태중의 소리가 그리워
검푸른 바다 위를 걷고 또 걷습니다

참회록2

당신 앞에 서기만 하면
나는 늘 부끄럽습니다
내세울 것 하나도 없고
변명할 것 하나도 없이
알몸으로 서야 합니다
아무리 옷을 걸쳐 봐도
비누로 살을 문질러도
여전히 남는 부끄러움
그럼에도
나의 생긴 모습 이대로
당신 앞에 또 서는 것은
부끄러워 할 수 있어야
만날 수 있기 때문이고
부끄러워 할 수 있어야
볼 수 있기 때문입니다
당신 앞에 서기만 하면
나는 늘 부끄럽습니다

여름비

이게 무슨 조화일까요
예고도 없이 빗줄기가
쏴아 쏟아지더니
갑자기 뚝 그치며
햇빛이 비쳐 옵니다
세상일이라는 것이
참 알다가도 모르겠습니다

또 이게 무슨 일인가요
엄마 생각에 눈물이
주루룩 쏟아지더니
갑자기 뚝 그치며
언제 그랬냐는 듯이
슬금슬금 웃음이 번져 갑니다
그러고 보면 이 세상에는
알 수 없는 것들이 참 많습니다

남한강에서

아무리 오염된 물도
흘려보내면 괜찮아
한 곳에 고여서 품고 있으니까
썩고 냄새가 나는 거야
그러나 흐르면,
흘려보내면 괜찮아
처음에는 괴롭고 힘들지
익숙하지 않으니까
자꾸 엉겨 붙어서
가슴을 후벼 파니까
그래도 흘려보내야 해
담아두면
썩고 병이 나
담아두면
살아야 할 것들도 살지 못해
아프고 힘들디라도
흘려보내야 해
지금 앞에 놓인

물길을 따라 흘러가야 해
나보다 앞서 가면서
길을 만든 사람들의
지혜와 슬기를 배우면서
자꾸 흘러가야 해
몸에서 힘을 빼고
마음의 골을 메우면서
모든 것을
세월의 강물에 맡기고
흘러가야 해
너무 애쓰지 마
너무 집착하지 마
너무 아파하지도 마
그저 흘러가면 돼
흘러가다 보면
작은 여울도 만나고
소용돌이도 만나게 되지
흘러가다 보면
뜨거운 친구도 만나고
차가운 친구도 만나게 되지
때로는 빠르게 흘러서
폭포수처럼 쏟아지기도 하지
그런데 그게
다 순간처럼 지나가는 거야

조금만 더 견디면
큰물을 만나게 될 거야
전혀 낯설고
새로운 세계를 만나게 될 거야
그리고 조금만 더
흘러가다 보면
마침내 거대한
바다의 품에 안기게 될 거야
그 세계는 말로 다 설명할 수 없어
그러니까 흘려보내야 해
한 곳에 고여서
썩어가며 괴로워하지 말고
그렇게 오랜 시간
속 썩이며 힘겨워하지 말고
이제 그만 흘려보내
아무리 큰 배신과 억울함도
아무리 큰 실패와 낙심도
흘려보내면 괜찮아
흘려보내면 새로운 물이 들어오고
흘려보내면 새살이 돋아나
네 눈앞에 펼쳐져 있는
저 강물과 함께 흘러 가봐
흘러가는 것만이
너도 살고 나도 사는 길이야

3부

〈가을〉 - 그리움 한 줌

어머니 전상서3

산새가 하늘 울고
꽃잎이 곱게 질 때

바람만 좀 불어도
엄마가 생각나요

돌아온
이월 이십이 일,
사진 속에서 곱게 웃는
엄마, 생신 축하해요

가을

붉게 물들어가는
단풍만 보면
붉은 눈물이 납니다
손때 묻은 곳마다
남아있는
당신의 핏자국
열 네 곳의 정류장을 지나
도착한 안식처
그 곳은
또 다른 죽음의 자리
죽음으로
다시 살아날 수 있고
죽음으로
생명을 잉태할 수 있음이니
노랗게 물들어가는
단풍만 보면
노오란 눈물이 납니다

양평 태성 추어탕

3월이 가기 전에 양근대교를 건너
다시 찾아온 양평 태성 추어탕 집
정성을 담은 요리라며
몸에 좋은 보약이라며
쌀 한 톨 남기지 않고
맛있게 드시던 당신의 모습이
건너편 의자에 아직도 가물거립니다

오늘도 홀로 앉아서 밥을 먹습니다
고추 하나를 베어 물고
휴지로 땀을 닦듯 눈물을 훔치며
당신이 차려준 밥상에
쭈뼛이 앉아서 추어탕에
남겨진 시간과 추억을 말아서
시큼한 깍두기를 우걱우걱 씹어댑니다

당신이 그토록 좋아하시던
자판기 커피를 한 입에 쭈욱 들이키니

입천장과 목구멍이 뜨거운 설움에
자꾸만 까칠거립니다
어머니, 이곳에서는
먹어도 먹어도 왜 자꾸 배가 고픈지
나는 아직도 그 이유를 알지 못합니다

용문 쌈밥마을

풋풋한 상추에
스윽 밥을 깔고
그 위에
신 김치를 걸치고
그 위에
무나물을 척 얹고
그 위에
마늘과 고추를 놓고서
치마를
휘둘러 싸듯이
쌈을 모은 뒤
한 입에 툭 털어 넣고
소가 여물을 먹듯이
오물오물 씹어 삼킨다
일순간 커져가는
동공의 지진,
어머니는 이 맛을
내게 남겨두고 가셨구나

낙엽(落葉)

시간마저 차가워지면
당신은 된바람이 되리라는 사실을
이미 잘 알고 있었습니다

당신이 떠나고 나면
살아도 이미 죽은 세상
적갈색으로 물들어가는
사랑은 어제로 쌓이고

걸터앉은 오솔길을 따라
무겁게 내려앉는 추억 위로
뜨겁게 내리는 가을비는
짝 잃은 도요새의 노래

시간마저 잠들면
당신은 마지막 잎새가 되리라는 사실을
이미 잘 알고 있었습니다

종이 눈물

삶과 죽음이
종이 한 장 차입니다
당신과 나의 거리도
종이 한 장 차입니다
당신, 아시나요
당신이 보고 싶어서
흘리는 눈물이
종이 한 장도 뚫지 못합니다
아마도 나의 눈물은
종이 눈물인가 봅니다

복숭아꽃 필 적에

복숭아꽃이 피었습니다
곱디고운 분홍색 바다가
산허리를 타고 너울너울
춤을 추며 번져갑니다
당신은 복숭아꽃을
참 좋아하셨지요

내 고향 하동에는
언덕마다 복숭아밭이 있어서
봄만 되면 분홍빛 선녀들이
하울하울 내려앉는데
얼매나 곱고 아름다운지
복숭아꽃이 피는 곳은
어데나 다 내 고향 같다

복숭아꽃이 피기도 전에
끝내 세상 졸업장을 받으신
어머니,

얼마 뒤 찾아온 복숭아꽃은
유난히 온 몸에 스며듭니다

복숭아꽃이 찬란한
거울 앞에서
당신이 좋아하셨던
복숭아빛 넥타이를 매고
한참동안 복숭아밭을 헤매다
성큼성큼 집을 나섭니다

추모일

엄마,
나, 또 왔어요!
왜 오긴요,
보고 싶어서 왔지
별일 없어요
걱정하지 마세요
그럼요,
밥도 잘 먹고
일도 잘하고 있어요
엄마,
오늘이 무슨 날인지 아세요
그냥 한 번 물어 봤어요
싱겁기는요,
전 원래 그렇잖아요
3월인데,
아직 바깥바람이 차네요
엄마,
나, 갈께요

그리고 또 올께요
그럼요,
엄마도 건강하게
잘 지내세요
엄마,
나, 가요!

가을 사랑

내 얼굴이
이렇게 주체할 수 없이
붉게 타오르는 이유는
그대의 얼굴이
오늘도 붉게 타오르기 때문입니다

내 심장이
이렇게 주체할 수 없이
빠르게 뛰는 이유는
그대의 심장이
오늘도 산을 넘어가고 있기 때문입니다

내 두 눈에
이렇게 주체할 수 없이
눈물이 흐르는 이유는
그대의 뒷모습이
슬픈 시처럼 붙잡고 있기 때문입니다

가을비

거칠게 달아오른 아스팔트를
가을비가 토닥토닥 두드려 줍니다
어디로 가는 걸까요
빗방울들이 저리 급하게 가는 곳은
도대체 어디일까요
가을비가 내리기 전에는 몰랐습니다
아스팔트에도 가슴골이 있다는 것을요
오랜 세월에 찢기고 패인
아스팔트의 가슴에도 길이 있다는 것을요
어머니,
알지도 못한 채 밟고만 살았습니다
이제까지
그래도 되는 줄 알았습니다
차분히 내리는 가을비는
울먹이는 가슴골을 토닥토닥 두드려 줍니다

터널

자동차를 몰고
터널 안으로 들어가자
잘 나오던 F.M 라디오가
찌익 찌익 거린다
세상의 전파가 끊어진 곳에
저 멀리 우주에서
들려오는 어머니의 목소리,
고장난 라디오처럼
끊겼다가 연결되고
또 다시 끊긴다
어머니의 말은
언제나 알쏭달쏭하여
곁에 계실 때나
멀리 떠나서나 도무지
알아먹을 수 없다
꽉 막힌 터널 안에서
점점 답답해진다
속이 터질 것만 같다

로타리 사랑

출구가 너무 많다
9시 방향에
만남으로 난 길이
12시 방향에
사랑으로 난 길이
3시 방향에
이별로 가는 길이
다시 돌아오는 길은 너무 멀다

너는 지금
새로운 9시를 향해
가고 있고
나는 지금
오래된 3시에서
되돌아오고 있다
우리의 사랑은 이렇게
너무 멀기만 하다

국화 애상

나는 당신을 잘 알지 못합니다
당신도 나를 잘 알지 못합니다
그래도 오늘이 슬픈 것은
당신을 보내야 하는 까닭입니다
가깝지도 멀지도 않은 사이,
오가는 길에 그만 정이 들었는데
시간은 놀란 토끼마냥
저만치 앞서 뛰어가고 있습니다
세상 일 내 뜻대로 되는 것이
얼마나 되겠습니까마는
지는 해를 붙잡을 수 없고
가는 바람을 따라갈 수 없어서
마냥 아쉽기만 합니다
떨어진 꽃잎은 강물을 따라 흘러가고
구름은 하늘 길을 따라 흘러가지만
내 마음은 홀로
느티나무 꼭대기에 걸린 연처럼
제자리를 떠나지 못하고 맴맴 돕니다

떠나는 당신,
나는 당신을 잘 알지 못합니다
당신도 나를 잘 알지 못합니다
그래서 오늘은 이만큼만 슬퍼할까 합니다

공황

어느 날 갑자기,
엄마가 내 곁을 떠났다

집안을 다 뒤져보아도
보이질 않는다
나만 홀로 남겨놓고
엄마는 어디로 간 걸까

엄마의 냄새가
연한 폐처럼 숨을 쉬고
엄마의 잔소리가
번개처럼
심장을 가로지르는데
엄마가 내 곁을 떠났다

달빛이 자꾸만
내 어깨를 짓누르고
별들이 호숫가에

눈물처럼 들어와 박히는데
엄마가 내 곁을 떠났다

"엄마가 더 이상 내 곁에 없다"

어느 날 갑자기,
눈을 뜨고 나서야 이 사실을 알게 되었다

찬밥 인생

밥맛이 없어
찬밥을 물에 말았습니다
반찬도 필요 없어
냉장고에서 꺼낸 된장에
오이고추를 푹 찍어
와작 한 입 베어 물었습니다
순간 찡한 코끝은
당신의 눈물인가요
작은 형을 먼저 보내고
밥맛이 없다며
찬밥을 물에 말아서
청양고추를 한 입 베어 물고
마냥 흘리던
당신의 그 눈물인가요
그 때는
고추가 되게 매운 거라고
그래서
눈물을 흘리는 거라고

생각했지요
한 입 고추를 베어 물고
이 저녁
아려오는 가슴에
자꾸만 아른거리는 모습은
기어이 당신의 눈물입니다
아,
나는 아직 찬밥 인생에도
한참이나 모자라나 봅니다

인셉션(Inception)

사람들의 집에 불이 꺼지고
모든 경계가 점점 희미해지면
아지랑이처럼 흐느적거리며
시간의 벽이 하나둘 무너져 내립니다
그럴 때마다 항상 뚜렷하게
다가오는 푸른 치마를 입은 당신의 모습,

일그러지기 시작한
시간의 블랙홀은 우물가로 이어지고
이내 머리에서 피가 흐르는 한 아이가
아무도 달래주는 사람이 없어
동네가 떠나갈 듯 울어댑니다
울음소리가 순식간에
혼돈의 구멍으로 빨려 들어가며
어느새 버드나무에 붙은
매미의 울음소리만 저 멀리에서 들려옵니다

한 아이가 끙끙거리며

버드나무를 올라가려고 하지만
엄마 등에 업힌 아이처럼 칭얼거리다가
이내 버드나무 숲은 푸른 늪이 되고
금호강 너머로
빠알간 토마토 밭이 물결처럼 다가옵니다

붉은 토마토의 강을 건너가면
저 멀리 보이는 방촌 경로당,
경희와 함께 함박웃음을 지으며 달려갑니다
당신의 품에 항상 준비되어 있는
크림빵과 사이다를 허겁지겁 먹어치웁니다
뽈록한 배를 쓰다듬으며
만족한 웃음을 짓던 아이는
하늘을 울려오는 괘종시계 소리에
땀이 끈적거리는 세상 속으로
기어이 다시 돌아오고야 맙니다

살아남은 자의 슬픔

사람들이 하나 둘 떠나고
어둠이 찾아오는 길목에
시린 가로등이 밝아오면
나는 그제야
살아남은 외로움을 달래야 했습니다
한 쪽으로 찌그러든
푸른 가슴을 부여잡고서
절뚝거리며 걸어온 젊음은
흔적도 없이 사라져 버렸지만
그럼에도 나는 부끄러워서,
살아있음이 못내 부끄러워서
언제나 당신의 주변만 서성거렸습니다
하늘이 수고로이 별을 낳고
그 별이 당신의 얼굴인 양
호수 위로 맑게 떠오를 때
지나가던 바람은 광장에 말뚝을 박고
오래도록 괴성을 질러댔습니다
어둠이 골목골목으로 스며들며

죽음의 기운을 퍼뜨릴 때
마지막으로 붉게 밝아오는 하늘을
더 이상 볼 수 없어서
고개를 돌려버렸던 어리석은 나는
아,
그 밤에
끝내 잠을 이루지 못하고
먼저 떠나버린 당신을 생각하며
홀로 울어버리고 말았습니다

여주대교 아래에서

나는 오늘도
가을바람 부는 강가에 서 있다
바람이 불 때마다 갈대는
이리저리 흔들린다
너를 생각하면서
종이배 하나를 띄워보지만
이내 세월의 물결에 휩쓸려
가라앉아 버린다
은빛 금빛 햇살에
찬란하게 여울지는 강물 위로
실루엣처럼 네 모습이
잡힐 듯이, 잡힐 듯이 다가온다
그동안
사랑이라고 했던 모든
몸짓들이 가식에 지나지 않았고
용서라고 말했던
모든 말들이 거짓이었음을
네가 떠나고 나서야 나는 알았다

그리고 내가 진정 참을 수 없었던 것은
너를 속이고 나를 속이면서도
똑같은 모습으로
아무렇지도 않듯이 살고 있음이니
세상을 향해 환하게 웃으며
아무 일 없는 것처럼 지내고 있음이니
내가 오늘도
네가 오지 않는 강가에 서서
세월을 따라 우는 것은
가을바람이 불 때마다 갈대가
이리저리 흔들리기 때문이다

포옹(抱擁)

가을이 남겨놓은
손때 묻은 지팡이 하나,
낡고 짤따란 가을 지팡이를
품에 앉고 있으면 새록새록
가슴이 따뜻하게 피어오른다
엄마의 냄새,
포근한 우윳빛 하늘이
펼쳐진 곳에서
태고적 심장이 뛴다
따뜻한 이슬 한 방울이
살며시 도르르
볼을 타고 흐른다
나보다 작으면서도
언제나 나의 모든 것을
넉넉히 다 품어주셨던 엄마,
엄마가 남겨놓은 가을 지팡이를
살며시 가슴에 앉고서
시간의 숲이 점점 짙어져 간다

한가위

엄마를 보려고
찾아온 고향집에
달님이 하늘 가득
풍만한 가슴이다
툇마루에 앉아서
어린 아이가
엄마 젖을 빨듯이
달님을 향해
두 손을 벌리고
그동안 못다 먹었던
엄마의 젖을
실컷 빨아먹는다
누렇게 익어가는
벼들과
빨갛게 익어가는
홍시와
하얗게 입가를 흐르는
젖줄기

점점 배가
뽈록해진다
들판을 막 지나온
산들 바람에
살랑살랑 잠이 온다

새벽기도

이른 새벽,
맑은 눈으로 당신을 봅니다
세상이 눈에 잡히기 전에
당신을 향해 조심스럽게 시선을 고정합니다

이른 새벽,
맑은 귀로 말씀을 듣습니다
사람들의 목소리가 들리기 전에
당신을 향해 세미하게 귀를 기울입니다

이른 새벽,
맑은 마음에 당신을 모십니다
잡다한 생각들이 찾아오기 전에
마음을 열어 살며시 당신을 그려봅니다

이른 새벽,
나의 기도는 목마른 사랑,
끝끝내 말을 잇지 못하고 눈물만 글썽입니다

참회록3

당신의 이름을 가득 안고
뜨겁게 두 눈을 감으면
낙엽처럼 우두두둑
떨어지는 눈물은
어쩔 수 없이 나는 죄인입니다
그렇게 당신이 떠나고
헐떡거리는 심장을 모로 누이며
바라본 푸른 하늘의 시간은
어쩔 수 없이 나는 죄인입니다
검게 물든 뼈들을 꺾으며
우슬초로 말갛게 씻어 보아도
언제나
상한 마음과 통회하는 마음으로
설 수 밖에 없는 나는,
나는 어쩔 수 없는 죄인입니다

잔상(殘像)

몸이 아파보니 아픈 사람의 심정을
조금은 이해할 수 있습니다
음식을 먹지 못하니
먹지 못하는 사람의 마음을
조금은 알 수 있습니다
당신이 떠나고 난 뒤에
흔들리는 삶의 터전에서
비로소 당신의 빈자리를 깨닫습니다
사랑이 떠나고 나서야 사랑을 알고
소중한 것을 잃고 나서야 소중함을 아는
어리석은 인생길입니다
그러니 지금부터라도
더 많이 강물에 흘려보내겠습니다
가지를 벌리고 품을 넓혀
상처입은 새들을 받아주겠습니다
그리고 길을 가다가 고양이를 보면
손을 내밀어 쓰다듬어 주겠습니다

사모곡(思母曲)

비가 오면 빗속을 걷고
눈이 오면 눈길을 걸으며
여기까지 왔습니다
당신이 떠난 뒤로
벌써 일 년이 지났고
또 일 년이 지나갑니다

시간은 아무런 감정도 없이
어제나 오늘이나
묵묵히 흐르기만 하고
사람들은 아무런 상관도 없이
어제나 오늘이나
자기 갈 길에 바쁘기만 합니다

고단한 인생길에서
나와 함께 울어줄 사람은
아무도 없습니다
바람만 굉음을 내면서

여린 내 영혼을
휩쓸고 지나갈 뿐입니다

차가운 새벽을 깨우며
바라본 울렁이는 하늘,
당신을 닮은 별들이
한 마디 말만 해도
금방 우수수
쏟아질 듯이 글썽이고 있습니다

그 여름을 보내고 맞이한 가을

드뎌 가을입니다
살아있음이 찬란하게 빛나는 가을입니다
지나간 여름은 유독 뜨거웠습니다
푹푹 찌는 찜통의 계절은
서로에게 살아있음이 시련을 받고
존재의 이유를 물어야 하는 광란의 도가니였습니다
먼저 간 이가 남겨놓은
낡고 닳은 신발 한 켤레의 애원,
여린 꽃잎들은 시커멓게 타 죽고
썩은 고목들이 그늘을 늘려가며
튼실한 줄기마저도 비틀거리는 역사의 사막 한복판,
누가 누구에게 돌을 던질 수 있단 말입니까

살인적인 시간들을 지나
앞을 볼 수 없는 모래폭풍을 뚫고
기적적으로 살아남은 사람들을 위해
마침내 하늘이 열병의 행진을 끊어 놓았습니다
한 줄기 시원한 비를 내려 주었습니다

산들바람 한 줄기를 풀어 놓았습니다
그러자 사람 사는 세상은 곧장 변덕스럽게도,
한순간에 가을입니다
죽은 것 같았던 대지에 꽃이 피고
잔뜩 움츠러들었던 사람들이 기지개를 펴더니
언제 그랬냐는 듯이
에어컨을 끄고, 옷을 갈아입고, 이불을 바꾸며
다시 찾아온 가을을 맞느라 환하게 수선을 떱니다

지나간 것은 잊혀지고,
잊힌 것은 사막에 묻히겠지요
그리고 바보들만 이 밤에 별이 뜨는 사막을 헤매며
저 옛날이 그리워 한 잔 술을 기울이겠지요
가을을 맞이한 것은
살아있음에 대한, 그럼에도 끝까지 버텨낸 것에 대한
하늘이 주신 선물입니다
그래서 더욱 소중하고 아름다운 시간입니다
드뎌 가을입니다
당신이 떠나고 처음으로 맞이한
살아있음이 눈부시도록 찬란한 가을입니다

4부

〈겨울〉 - 기억 너머 저 편

어머니 전상서4

엄마, 참 오랜만에
줄무늬 편지 써요

저는 잘 지냅니다
엄만 좀 어떠세요

계절이
지나도 엄마 생각에
눈물만 주책예요

겨울

만나서 껄끄러운
얼굴이 있습니다
되는 대로 피해가고픈
얼굴이 있습니다
그런데 저 얼굴은
어찌된 일인지
시간만 되면 꼬박꼬박
잘도 찾아옵니다
마음조차 얼어붙어서
할 말이 없는데
곁에 다가오기만 해도
온 몸이 오싹거리는데
저 얼굴은
뭐가 좋다고
나의 눈물까지도
얼려버리면서 시간만 되면
정확하게 찾아오는 걸까요

성언영존(聖言永存)

구름 사이로 쏙 내민 달님은
참 밝기도 하구나
시간의 한 자락 위에
몽글 솟은 꽃잎은 예쁘기도 하구나
젊음이란 이름은
향기롭기만 하구나

모든 것에 깃든 한 때의 아름다움은
오늘을 따라
덧없이 흘러가고
수정빛 강가에 누운 나는
영원에 잇대어
물 속 깊이 뿌리를 내린다

풀은 마르고 꽃은 시드나
우리 하나님의 말씀은 영원히 서리라*

*이사야 40장 9절 인용.

문화예배 적바림

예배는 살아있는 푸른 그리움입니다
찬양의 햇살이 사뿐 내려앉는
잔잔한 그리움의 바다에서
향기로운 사랑의 몸짓 가운데,
참으로 아름다운 당신을 만납니다

예배는 꽃과 풀을 사르는 불길입니다
허상과 허울을 무너뜨리고
전통과 현대를 뛰어넘으며
뜨거운 생명의 손길이 되어,
고백하는 심령에 하얀 은총이 울려 퍼집니다

예배는 맷돌로 으깬 올리브기름입니다
주님의 몸과 피를 받고
마지막 한 방울까지 타올라
하나님 나라 위해 길 떠나는 그대,
한 알의 밀이 되어 온 누리로 스며듭니다

나의 기도

나의 기도는 늘 가난하다
두꺼운 옷을 벗고
얇은 옷마저 벗어도
갓난아기처럼
어설프게 걸음마를 거듭한다

아무리 애써 봐도
속내를 감출 수 없다
주어진 시간이 간절한 것은
아픔 그대로
설 수 있다는 용기와
밝음 그대로
볼 수 있다는 진실함이다

언제나 최상의 것과는
거리가 멀었으나
주는 것만큼이나
받는 것도 중요하다는 사실을

뒤늦게 깨달은 나날들,
기도는 하늘이 준 가장 큰 선물이다

어둠이 밝아오는 시간의 창가에
홀로 서서 조용히 눈을 감고
잔잔히 울려오는 세미한 목소리,
나의 기도는 늘 가난하다

카페 엠

사월을 훌쩍 넘긴 자리에
봄비가 사뿐사뿐 내려앉습니다
당신을 기다리는 동안
넓은 창가에는
따뜻한 시간이 옹기종기 모여 있습니다

잔잔하게 여울지는 음악은
추억의 문을 열고 들어와
향기로운 커피를 재촉하지만
바람은 실루엣처럼
기다림을 흔들다 사라집니다

말하지 않아도
알던 때가 있었습니다
바라만 보아도
멈춰버리던 때가 있었습니다
세상이 지나가고
당신만 보이던 때가 있었습니다

카페 엠, 카르페 디엠(carpe diem)!
마주잡은 두 손 위로
마음과 마음이 만나
웃음꽃을 활짝 피우며
봄꽃이 사뿐사뿐 내려앉는 곳입니다

두물머리

사랑하는 사람아,
오늘도 강가에 앉아 너를 생각한다
남과 북이 만나는 이곳
차가움과 따뜻함이 만나는 이곳
오백 년도 더 된 느티나무와
닻을 내린 황톳배가 서 있다
그리고 점점 낡아가는 벤치와
파르르 날아오르는 새, 새떼들
시간을 따라 분주하게 오가는 발길들은
사진 한 장에 함박웃음을 짓는다
얼어붙은 공간을 채우는 바람은
강을 걸어서 외딴 섬을 찾아가고
정처 없는 마음이 머문 곳에
새까맣게 고개 숙인 연꽃 대공들
내가 진정 견디기 힘든 것은
희망이 없는 곳에서
희망을 노래해야 하고
떠나는 사랑을

끝끝내 잡지 못했음이니
이 겨울에도
강물은 세월을 따라 떠나고
나무는 절망으로 자리를 지키며
마른 갈대만 심하게 흔들리고 있다
사랑하는 사람아,
네가 없는 벤치가 겨울바람에 외롭다

드림 카페

마음씨 좋은 젊은 할아버지와
예쁘고 고운 젊은 할머니가
청소년들을 위한 쉼터로
양동역 사거리에 드림 카페를 열었다

다른 곳에 비해
반값으로 제공하는 커피에다가
커피 한 잔을 주문하면
서비스로 주는 비스켓, 과일, 꽈배기...

아예 처음부터
돈 벌 생각이 없었나 보다
자선 사업을 하느냐고 물었더니
아이들을 보고만 있어도 행복하단다

손님들이 뜸한 오후 시간에
가끔씩 찾아가서
일흔을 넘게 살아온

굴곡진 시간들을 듣다보면 하루가 저문다

고단한 인생길을 걸어가다가
한 번쯤 모든 것을 내려놓고 싶을 때
중앙선 양동역 사거리 드림 카페로 오면
모든 것이 저절로 힐링이 된다

꽃잎

지금 막 나무가
꽃잎을 피우려고 한다
위험하다
출산은 모든 어미들이
피 한 방울까지 다 짜내는 순간,
아,
아름다움이 얼굴을 쏘옥 내민다

지금 막 나무가
꽃잎을 접으려고 한다
위험하다
죽음은 모든 이들이
피 한 방울까지 다 산화하는 순간,
아,
바람에 흔들리며 한 세상이 진다

양동 C&U

중앙선 양동역을 나서면
가장 먼저
C&U가 반갑게 맞아준다

양동에 하나 밖에 없는
편의점이다
양동 초, 중, 고생들의
방앗간이다

우리 아이들 모두 이곳을
쉴 새 없이 들락거리면서
삶의 에너지를 충전했다

이곳 주인아저씨는
겉으로는 무뚝뚝하지만
참 솔직하고 속정이 깊다
알아갈수록 진국이다

이곳 주인아줌마는
눈빛이 아름답고
곱게 곱게 익어간다
매사에 적극적이고 씩씩하다

인생이 허기지고 출출할 때
이곳에 잠시 들러서
넓은 창가에 앉아
컵라면에 김밥이라도 먹으면
마음조차 든든해진다

기다림

당신 생각으로 밤을 새운 겨울 한편에 이미 날은 섰는데, 다시 만나기로 약속한 봄날 아침은 왜 이리 더디게 밝아오는 걸까요

양동 중앙상회

가게 문을 열고 들어갈 때
'딩동' 소리가 귓가에 정겹고
가게 문을 나설 때
'딩동' 소리가 가슴에 여울진다

중앙상회에 가면 매일매일
어중이떠중이들이 다 모여서
양동에서 일어나는 일들을
미주알고주알 캔다

주인아주머니는
인심이 넉넉하고
손길도 큼지막하여
동네방네 퍼주기가 바쁘다

만날 때마다
이제는 가게를 접어야겠다고
하소연을 하지만

중앙상회가 없는 양동은
오아시스가 없는 사막이요
앙금 없는 찐빵이다

마음 놓고 찾아갈 수 있고
마음조차 쉬어갈 수 있는 곳,
초코파이 같이 푸근하고 따뜻한
정(情)이 살아 있는 이곳,
이 세상에 이런 곳이 있다는 사실이
얼마나 행복한 일인가

오르골

닫혔던 시계가 열리면
저 멀리 유년 시절에
꿈꾸었던 음악이 흘러나온다
베토벤도 아니다
브람스도 아니다
쇼팽도 아니다
저것은 단지 환상일 뿐이다
나의 환상 속에서
갑자기 툭 튀어나온
너와 함께 춤을 춘다
푸른 보리 들판을 가로질러
아직도 눈밭이 있는 곳을 지나
두메산골 나지막한 산기슭에
우뚝 서 있는 종탑 아래서
너와 나는
별빛의 조명을 받으며
풀벌레들의 아름다운 연주를 따라
밤의 축제가 끝날 때까지

사뿐사뿐 춤을 춘다
순간이 시간으로 이어지고
시간이 영원으로 이어져서
영원이 또 영원으로 이어지기를
바람은 간절함으로 가슴에 묻는다
시간의 질주가 끝나고
이별이 아침 안개처럼 피어오를 때,
환상도 끝이 나고
너는 어느새 유년의 사진 속으로
재빠르게 박제되어 간다
아, 닫혀진 시간 사이로
언제 다시 너를 만날 수 있을까
내 손에는
여전히 사랑의 노래가 흐르고 있는데

탑부동산

이 땅에 많은 부동산이 있지만
양동에 오면
〈탑부동산〉이 최고라오

땅을 사고팔고, 집도 사고팔고
양동에 오면
〈탑부동산〉이 최고라오

가는 정 오는 정 맛보고 싶으면
양동으로 오시오
〈탑부동산〉이 최고라오

물 댄 동산 같이 아름다운 곳,
맑고 고운 샘물이 솟아나는 곳,
다들 양동으로 오시오
〈탑부동산〉이 최고라오

환상

창백한 시간들이
따뜻한 별들을 수놓습니다
꿈결에 따라온
환한 새색시 같은 얼굴이 있습니다
켜켜이 쌓여가는 보고픔의 더께와
다함이 없는 기다림의 무게 속에서
시끄러웠던 내 안의 소리가
잠잠해질 무렵
곱게 내려앉는 이슬이 있습니다
삶은 보냄이고,
보내고 난 후의 그리움이고,
그리움으로 피는 꽃입니다
시도 때도 없이
서러운 길을 따라
발걸음이 멈춘 양평공원,
북풍은 뺨 위로 얼음길을 만들고
못다 한 참회는
기어이 남한강을 가로지릅니다

어머니,
대리석 모서리에 누운
낡은 어머니의 가슴에 쏘옥 안기면
거기, 내 어릴 적 울음이 있습니다.
거기, 뽀얀 아침이 햇살처럼 밝아옵니다

초승달

지난 번 생일에
환하게 창문을 밝히시던
어머니의 얼굴이

감기몸살로 드러누운
오늘 현관문에
반쪽눈물로 찾아왔습니다

하늘나라에 가서도
어머니, 여전히
자식 걱정인가 봅니다

이포 전망대

이곳에서
해가 지는 모습을 보고 싶습니다
여기에 앉아서
조용히 커피 한 잔을 마시며
해가 지는 모습을 보고 싶습니다
발밑으로 강물은 흐르고
차들은 이포 다리 위를 지나갑니다
청둥오리는 짝지어 날아가고
연인들은 손을 잡고 돌아갑니다
뜨겁게 해가 지고
차갑게 어둠이 찾아오면
물러가는 시간에 쫓겨
나는, 기어이 길을 잃고 말아
가로등 불빛들이
하나 둘씩 켜지는 거리를
헤매는 아이처럼,
퇴근 길 버스를 타고서
돌아갈 곳이 없는 어른처럼,

어스름 속을 차갑게 방황하겠지요

그래도 좋아요

이곳에서

해가 지는 모습을 보고 싶습니다

여기에 홀로 앉아서

한 잔의 커피처럼

뜨거워졌다가 조용히 식어가고 싶습니다

끝까지 사랑

내게 다가온 사람들의 마음을
도무지 알 수 없을 때가 많습니다
바람에 흔들리는 갈대처럼
종잡을 수 없는 사람의 마음은
자기가 편리한 대로 시시각각 변해갑니다

잠시 후면 돈을 받고 배신할 사람,
잠시 후면 부인하고, 맹세하고, 저주할 사람,
잠시 후면 자기 혼자 살겠다고 도망가 버릴 사람,
이런 사람들의 발을 씻어주면서
당신은 어떻게 끝까지 사랑할 수 있었습니까

내가 너희에게 행한 것 같이
너희도 행하게 하려고 본을 보였느니라*
떠날 줄 알면서도,
배신당할 줄 알면서도,
끝끝내 버림받을 줄 알면서도,
당신은 사랑의 길을 걸어갔습니다.

이 길 끝에서 당신을 만날 수 있다면,
사랑하며 살겠습니다
당신이 그랬던 것처럼
순전히 곁에 있는 사람들을
사랑하며 살겠습니다
아프고 괴로운 사랑일지라도
당신의 뒤를 따라
끝까지 사랑하며 살겠습니다

*요한복음 13장 14절 인용.

겨울비

밤새 뒤척이다 찾아온
이른 아침,
내리던 눈이 비가 되었다
식탁에 앉아도
입안이 온통 헐어
밥 한 톨 삼킬 수 없었다
추적추적 빗속을 헤치며
서둘러 찾아온 세종병원,
"독감입니다!"
타미플루 몇 알을 먹으며
사람들과 격리되었다
눈은 휑하고
머리는 멍하고
입술은 바짝바짝 마른다
잃고 난 뒤에야 아쉬워하고
떠나고 난 뒤에야 후회하는
어리석은 인생살이,
홀로 누워

창밖을 바라보니
나뭇가지를 두드리던 겨울비가
가슴을 타고 뜨겁게 흘러내린다
아직도 가야 할 길이 멀기만 하다

노을

가끔씩 하나님도 갈보리
붉은 하늘을 생각하는 게지
그러니까 하늘이 저렇게
피를 흘리는 파도처럼 물결치잖아
하늘이 붉게 울먹이면
석곡천도 덩달아 붉게 우는 거지
철없는 새끼 물고기들은
마냥 좋아서 이리저리 뛰어놀잖아
작은 형 하늘 꽃이 되던 날에
울 엄마는 피울음으로 울었던 게지
진홍같이 퍼져가던 울음이
먼 훗날 내 가슴에 연산홍으로 피었잖아

신앙의 DNA

외할머니가 붙잡고
울던 십자가,
어머니가 이어받고

어머니가 붙잡고
울던 십자가,
내가 이어받아서

손 때 묻은 십자가,
먼 곳 자식 생각하면
그저 눈물만 납니다

참회록4

말씀하신 대로
사람들을
힘차게 사랑하지 못했습니다
온전히 믿어주지 않았습니다
가만히 참아주지 않았습니다
끝까지 용서하지 못했습니다

말씀하신 대로
나 자신을
소중하게 생각하지 못했습니다
너그럽게 바라보지 않았습니다
관대하게 기다리지 않았습니다
용기있게 도전하지 못했습니다

말씀하신 대로
당신을
확실히 영접하지 못했습니다
굳세게 신뢰하지 않았습니다

제대로 동행하지 않았습니다
범사에 인정하지 못했습니다

수없는 날들을 되뇌어 보아도
나는 당신께,
눈물 밖에 드릴 것이 없습니다

에움길

천천히 둘러가는 길이 좋다
곧게 쭉쭉 뻗은 고속도로보다,
주위를 둘러볼 겨를도 없이
앞만 보고 달려가는 탄탄대로보다,
꾸불꾸불 돌아가는 두름길이 더 좋다

그 길에는
들풀이 있고 들꽃이 있다
그 속에서 살아가는 새들도 있다
그 길에는
냇가가 있고 돌멩이가 있다
그 속에서 살아가는 물고기들도 있다

우리의 인생은 지름길보다
우회로를 거쳐서
빙 둘러 가야할 때가 더 많다
광야가 없는 인생이 없고,
눈물골짜기가 없는 인생이 없다

그러나 에워서 돌아가다 보면
이전에 알지 못했던
전혀 새로운 세상을 만날 수 있다

천천히 둘러가는 길이 좋다
조금 늦게 가더라도,
목적한 곳에 도달하지 못하더라도,
서로 함께 함을 감사하며
두런두런 걸어갈 수만 있다면,
둘레길로 돌아가는 것이 더 좋다

송구영신(送舊迎新)

오늘도 저무는 세월의 강가에 서 있습니다
묵은 한 해가 절뚝거리며 저물고
새로운 한 해가 힘차게 떠오르는
얍복 나루터에서
잔잔히 흘러가는 강물에
낙엽들을 하나씩 띄워 보냅니다
하루, 낙엽 하나에
다툼과 미움과 증오의 찌꺼기들을
한 시간, 낙엽 하나에
신음과 아픔과 고통의 얼굴들을
일분, 낙엽 하나에
배신과 낙담과 우울했던 날들을
일초, 낙엽 하나에
소망과 꿈이라고 여겼던
어리석은 허상과 우상들을
그리고 새해, 낙엽 하나에
사랑하는 당신,
환하게 웃는 당신의 얼굴을

띄워 보냅니다

어느 호수의 따뜻한 품에 안겨

조용히 잠들기를

이제껏 살아온 날들이

누군가의 밑거름이 되기를

오늘도 밝아오는 세월의 강가에 서 있습니다

비울 때 가득 채워진다는 것을

버릴 때 충만하게 얻을 수 있다는 것을

죽음으로서 새로워질 수 있다는 것을

브니엘의 아침을 맞으며

내게 가르쳐 주신 당신,

그러나 아직도 내 속에는

보내야 할 낙엽들이 너무 많습니다

염원

오늘 내게 주어진 삶의 무게를
슬퍼하며 살게 하소서
마땅히 감당해야 할 짐을 외면한 채
헛된 것을 좇지 않게 하시고
내일 다가올 무게를 미리 염려하여
두 배의 슬픔을 짊어지지 않게 하소서
오직 오늘 하루 내게 주어진
삶의 시간만큼 슬퍼하며 살게 하소서

오늘 내게 주어진 사람들을
사랑하며 살게 하소서
지금 내 곁에서 다투고 화해하는
사람들을 생생하게 느끼게 하시고
어제 내 곁을 훌훌 떠나버린
사람들은 흘러갈 수 있게 하소서
그렇게 오늘 하루 내게 주어진
삶의 넓이만큼 사랑하며 살게 하소서

그리운 내 어머니 思母曲

지은이 | 신용관
펴낸이 | 장문정
초판 1쇄 발행 | 2019년 7월 22일

펴낸곳 | 문예바다
등록번호 | 105-03-77241
주소 | 서울특별시 종로구 삼일대로 30길 21
　　　(종로오피스텔) 1110호
전화 02) 744-2208
이메일 qmyes@naver.com

ⓒ 신용관, 2019. Printed in Seoul, Korea

ISBN 979-11-6115-071-0
값은 뒤표지에 있습니다.

* 이 책의 판권은 지은이와 출판사에 있습니다.